이석근 詩選

파도에, 혹은 구름에

책마닙얼긴시

가슴에 내리는 시 150

파도에, 혹은 구름에

지은이 이석근
펴낸이 최명자

펴낸곳 책펴냄열린시
주소 (48932)부산광역시 중구 동광길 11 203호
전화 010-4212-3648
출판등록번호 제1999-000002호
출판등록일 1991년 2월 4일

인쇄일 2025년 1월 17일
발행일 2025년 1월 20일

ⓒ이석근, 2025. Busan Korea
값 12,000원

ISBN 979-11-989537-4-2 03810

• 저자와 협의하여 인지를 붙이지 않습니다.
• 잘못된 책은 바꿔 드립니다.
• 이 책의 내용 중 일부 또는 전부를 저자 및 출판사의 동의없이 사용하지 못합니다.

□ 自序

 이 시집은 내가 허둥허둥 보낸 숱한 세월에서 얻어 온 것입니다.
 나는 이미 70줄의 황량한 공간에 서 있습니다.
 두루 아는 바와 같이 작품은 실로 **無量**한 것이 요구되는 힘든 일이지만, 나는 불가피 나의 언어에 쉼표를 더해 갈 것입니다.
 시집 표제를 '파도에, 혹은 구름에'라 한 것은 내가 산 그 동안의 어수선한 삶, 그 순간 순간의 감정과 인상, 그런 것들이 어렷어렷 이 책 속에서 물결치고 있을 것이기 때문입니다.
 어설피 찍은, 그러나 한참 만에 찍는 쉼표의 난처함이여…

이석근

차례… 4
自序… 3

제 *1* 부

바람개비…14
저 은하수…15
강변 아파트… 16
억새…18
下端抒情… 19
다시, 자갈치에서…20
풍경… 22
아침에…23
다대포 시편…24
밤하늘…25
명동성당을 오르며…26
길…28
신선대…29
넌센스…30
헌화를 위한 판타지…31

제 2 부

먼 목화밭…34
병영역…35
섬은 흐르고 싶다…36
벚꽃 소풍…37
銀河直諭…38
갈대…39
세잔느城…40
나비몽상…41
대낮…42
편지…43
고드름…44
山雲…45
가을山行…46
金井山人… 47

제 3 부

꽈리꽃…50
소래 개펄…51

그 베로니카와 사랑과…52

歌客…54

헬리콥터…55

쉬는 시간…56

童心으로-산동네…57

이슬소리…58

탄광 마을에 내리는 눈…59

달팽이 가고 있다…60

무지개…61

서울 아이…62

옛 이야기…63

비를 보며…64

전화…65

렛·잇·비·미…66

바다…67

누가 교회 뒷뜰에서…68

눈동자…70

아내의 그림책…71

어느 인디언 소녀에게…72

휘파람새…73

雪行…74

안압지…75

率居의 새…76
童心으로-봄 전철…77
막대 뜀틀…78

제 4 부

빈 들에 서서…80
헌화를 위한 몇 마디…81
등대…82
外人村…83
가을나비…84
포인세티아…85
들길에서…86
인상…88
여백…89
바다에서…90
언더라인…91
에추드에서…92
무늬…93
언더라인·2…94
바다의 肖像…95

盞, 이미 늦은…96
샘…97
언더라인·3…98
언더라인·4…99
삽화…100
距離…101
수푸루지周邊…102
모래시계…104
그 노래…106

제 5 부

시ㅅ病과 藥…108
그 무렵…109
물에 쓰다…110
前夜, 혹은…111
U턴…112
뭐라고?…113
순간…114
가을 노래…115
메시지…116

슬슬…117
팽목항, 그 해…118
비망록 • 1…119
이런 詩…120
10년…121
봄, 편지…122
여로…123
단장…124
비가…125
근황…126
고독…127

• 발문/맑은 사색이 깃든 이미지 • 강영환…128
• 책 끝에/먼 消息 • 이석근…143
• 이석근 시인 약력…144

뜰은 언제나 조용하고
뜰에 내린 눈은 며칠토록 녹지 않는다

제 *1* 부

바람개비

들녘,
바람개비가

무한 공중을
돌고 있다

들꽃처럼
바람에 꽂혀 있다

〈 1998 〉

저 은하수

골목마다 눈발이 비치고
문득 쓸쓸한 浪人이
어느 밤하늘에 흘린 손풍금
그 은빛 건반 위로 눈발이 비치고 비치고

〈 1995 〉

강변 아파트

한강 하늘에 노을이 앉는다.
돌아오는 길에서 나는 늘
스핑크스나 피라밋을 생각하지만

빈터엔 아직도
아이들의 노는 소리
바람같이 휩쓸려서
내 아파트의 썰렁한 계단에
지난 겨울 흘린 기침소리와 함께
우웅 떠다닌다.

사방으로 기어드는 어스름을
무딘 가슴이
너도 나도 쏟아져 내리는 강변로
한길은 언제나
끝없이 긴 불빛의 띠가
몇 그루 미류나무를 따라 흐르고 있다.

별빛 속에서도 출렁이는 아파트아파트아파트
아파트
아, 우리들 슬픔의 배.

내일 아침은 눈 속에 떨어져
채 썩지 못한 낙엽을 보리라.

〈 1982 〉

억새

온 키를 흔들며 억새는
날빛 깊은 하늘에 부시도록 하얀
너울을 하늘거리고 있네
바람 짓는 허공을 부비며 있네
아니 떠나는 뒷모습같이
언덕으로 산언덕으로 희미한 여운을
한없이 풀어놓고 있네
부시도록 하얀 너울을
억새는 깊은 하늘에 적시며 있네
구름까지 온 키를 흔들며
아련히 가고 있네

〈 1990 〉

下端抒情

자귀꽃 핀 하단에 가면
그대 또한
그리울 것입니다.

강촌 가까이
먼지 낀 산책로 초입에 서 있는
꽃 핀 자귀나무
저 홀로 꽃필 때에.

강변 찻집앞 갈대 수풀을
무작정 흔들어쌓던 바람, 또는 햇빛.

알함브라의 추억의 선율 같은…

자귀꽃 핀 하단에 가면
그대 또한
아득할 것입니다.

〈 1998 〉

다시, 자갈치에서

물새 이리저리 날고
소금때 앉은 해안의 석벽에 부딪치는 파도는
하얗게 꼬리를 세운 채
가드레일 같은 방파제를 달려가고, 걸려 넘어질 듯이 달려가고

지난날의 스산한 이별 노래의 제목처럼
영도다리… 구름 뜬 철제 난간 사이로
도시의 머뭇머뭇거리는 지친 그림자들이 보이고,
집채만한 화물선들이 닻을 내리고 있는 선착장 부근
샛골목 한쪽으론
꺼-음은 해조음을 내는 바다 냄새

어느 새 어둑어둑해지는 선창가
물 위에 줄지은 수상 목로집의 긴 목조회랑으로
아, 귀로의 불빛이 샐 때
자갈치 앞바다는
먼 파도를 헤엄치며 건너 온 도깨비불들이

어슬렁 어슬렁거리면서 떠돌고
떠돌아 다니고

〈 1996 〉

풍경
―화자네 살구나무

애꾸언니 화자네 마당은
꽃 핀 살구나무 한그루만으로 화안하다
키를 열번 곱해도 모자라는
다 큰 살구나무
분홍의 분홍의 속살로 타오르다
삽짝은 온종일 열려 있고
볕살이 마루청에 와 푀어도
언니는 한번도 청에 나온 일 없다
살구꽃 꽃빛이 아무리 고와도
애꾸언니 화자네 방문은 굴 속 같다
곰이 어느새 언니를 물어갔는지
아무도 어디로 실어갔는지 모른다
분홍빛 간지러운 살구나무가
연하게 연하게 넘치다

〈 1986 〉

아침에

뒷산 까치야 아침에 울어다오.
겨울 이부자리에 얼키설키 묻어 있는 무서운 머릿카락에 아침이 갇혀 있다. 슬픔이 갇혀 있다.
긴 밤의 잠에서 씹었던 모래만큼 꿈에 붙든 것들이
좋은 일이면 까치야 네가 와서 불러다오.
눈을 뜨면 세상이 다 궁금한 이 아침에 까치야
연한 흙빛의 마른 가지새로 내린 희디 흰 눈을
여태 사랑할 줄은 몰랐구나. 성난 아침이
너무 시들었구나. 까치야
저 때묻지 않은 숲의 어둠을 너는 알고 있지. 알고 있지.
놀라울 일 없이
닫혀 있는 성난 마을의 아침에 까치야
어둠 한 닢씩 날라다오. 울어다오.
긴 밤의 잠에서 씹었던 모래만큼
꿈에 붙든 것들을.

〈 1978 〉

다대포 시편

수천 겹 반짝이는 물무늬 물결로 바다는
다시 맨 처음처럼 미치게 푸르더구나

어깨높이쯤의 수평선에 아슬히 걸려 있는 숄
우유빛 숄 한자락도 보이더구나

푸루루루 펄럭이는 물새의 날개짓같이
흐르는 날개짓같이
귀밑머리 흐트러지던 모습
모래무덤에 다 떨어져 덮인 줄을 알겠더구나

그 모래 끝없이 흰 다대포의 모래 위를
바람은 한숨소리를 깔며
내 앞을 밟고 있더구나

〈 1992 〉

밤하늘

長醉가 되어 돌아오는 밤하늘
에게 물었다
속이 철판인 사람 봤수!

〈 1992 〉

명동성당을 오르며

찔레야 넌 여길 어떻게 왔니.

밤낮없이 천주님께 두 손 모으고 선 마리아
뒷숲에 혼자 와서
찔레야 넌 뭘 보았느냐.

가을 하늘에 불붙는 사르비아
무성한 담쟁이덩굴에 몇 방울 이슬이 빛난다.

이슬 속에 떨며 찔레야
이른 새벽에 떠난 누더기 입은 사람은 보았느냐.
저 대낮에도 빛나는 이슬.
길바닥에 피곤한 하루를 눕히는
별은 저들에게 무엇을 말했을까.
오 새벽이면 떠나는 별들의 눈물을
찔레야 넌 보았느냐.

첫 종소리가 저들 겨운 잠을 흔들어 깨울 때

〈
꿈에 본 마리아. 마리아.
우리 천주님은 하늘에 계시다.
바람 불고 비 내리는 이 땅을 보고 계시다.
비인 손바닥을. 찔레야.
찔레야 넌 여길 뭣하러 왔니.

〈 1980 〉

길

짐이 많으면 반으로 줄여야지.
그대 남는 눈물은
별이 총총한 하늘에 뿌려야 한다.
해가 저 산이마에 떨어질 때까지
눈물이 다시 별이 될 때까지
걸어보아라. 자꾸만 흐려지는 것은
보이지 않는 것은
끝이다. 언제나 빽빽이 들어 찬 어둠이
언덕 너머 숲속을 오르거나
바다로 흘러내리고 있을 것이다.
그 때 캄캄한 끝을 집어서
어둠의 소리를 길어내는 나그네만이
행여 길의 물음을 알까.
길마저 다만 짐이라는 것을.
짐이 많으면 반으로 줄여야지.

〈 1979 〉

신선대
—이곳은 태고로의 원시림,*

그러나 태고로는 갈 수가 없고
나는 파도가 굽이치며 굽이치며 와서 시퍼렇게 발목을
적시고 있는 어느 날의 신선대로나 가서…
태고로의 한정없는 파도 파도소리 속에
나는 멍들어야 한다
아, 당최 영롱한 오류를
모든 어림없는 출발을

신선대 그곳 바닷가에
인기척 없는 무성한 해송숲으로나 가서, 헛기침같이
헛소리같이 가서… 기꺼이

〈 1997 〉

---

*롱펠로 시의 한 구절.

넌센스

敎保 지하상가
시집 코너에서 반시간 가량
붙들려 있었다

金宗三이
나를 괴롭혔다

〈 1984 〉

헌화를 위한 판타지

나는 먼저 애너벨 리의 동화 속 같은 바닷가 언덕에
蒼白한 알바트로스의 긴 날개에
어느 겨울, 슈만이 투신한 라인橋의 夢幻에
볼프강 아마데우스가 쫓기어 간 공동묘지,
그 곳 마음 끌리는 어디쯤에
내 아련한 동경과 예감을 부추기던
세느 강의 미라보 다리에
굴 껍질과 톱밥이 흩어진 프루프록의 戀歌에
아, 슈베르트의 그늘 깊은 보리수 나무 밑에
집시 소녀의 검은 눈동자에
빈 병으로 나둥그러진 오마르 카이얌의
페르시아 술병에
마침내, 맨정신이 아닌 고흐의 불꽃에
그리고 문득 프로스트의 가지 않은 길 위에

〈 1995 〉

제 *2* 부

먼 목화밭

대나무 숲 울타리 가에
한 나비 서성이듯 떠 가는 사건이었네
여린 바람에
낱낱이 떨리는 댓닢 새로 보는 목화밭
그 부드러운 세일러 칼라처럼
흰 고요
첫 눈같이 이냥 숨이 멎을 뿐이었네

〈 1990 〉

병영역

가끔
기차가 왔다
들꽃이 흔들리고
빨간 시그널도 졸다가 깨고
내 마음에
철길 설레었으니
들판으로
기적이 울던
거기

〈 1993 〉

섬은 흐르고 싶다

부우연 안개 바다에
억새도 휘어져 흐르는
섬

어디로 갈까

물새소리
망설이며 떠 있는 섬

〈 1989 〉

벚꽃 소풍

하늘 한 쪽에서 흰 흰 흰 꽃잎들이 하르르
일어나서
어지러운 구름 흰구름 부풀리며 떠 흐르데.

〈 1992 〉

銀河直諭

아 아 아 숨막히게 부신 별이로라 가쁜 물결이로라

파리한 혈관에 몹시 짙은 포도당 주사 꽂은 사람같이

내내 숨막히게 부신 은빛 무한의 도시 그것이로라

별에서 다시 별 흘러내리는 지금 너는 따에서

첫 벙어리가 되라 오늘은 따에서 첫 벙어리가 되라

〈 1993 〉

갈대

그대 울고 있는가

젖은 풀잎에 넘어지는 별 하나에도
눈물은 있다
나무 그늘이나 바위너설에 핀 어린 꽃
그대들의 반짝이는 영혼에도 눈물은
눈물은 있다

바람에 쓸리는 하늘 어디쯤
생각하라 그대
날개 날개 날개가 풀어져 내린 그림자를
돌아보면 다만 서너 줄인
먼 세월의 속내를
누가 눈물 없이 지나가는가
가시 빠진 세월의 속내를

누가 눈물 없이 지나가는가

〈 1979 〉

세잔느 城

나무 돌 하늘 구름이 중얼거리고 있었다.

빈 팔레트에 이따금 떨어지고 있었다.

깰 줄 모르는 환영의 낯선 번뜩임으로 더 더
늦게 묻어나는 색채 그 너머 어딘지 보이지 않는
끈끈한 바람이 느리게 너무 느리게 덧칠해지고
있었다.

도무지 까마득하였다.
되돌아 가는 그림자들을 다시 다시 다시…

―삶은 소름끼치는 것이라네!*

〈 1989 〉

---

* 세잔느가 가끔 내뱉은 말이라고 한다.

나비몽상
—어야, 나비야

太和江에서 江南까지
버스를 타고 5시간
넌 아마
한 사흘도 더 나풀거렸을 거야
노랑나비 흰 나비가
無時로 뜨고 지는 江가 갈밭 언덕의
하얀 파도를 끌며

〈 1999 〉

대낮
―어떤 그림을 생각하며

폐허가 한 장
땅에 떨어져 있다
참 고요하다
펄럭이는 강철 깃발

〈 1976 〉

편지

바람처럼 티롤?
말로카?
더 멀리 중얼거리다가
파도소리 하얗게
구름 위에 부서지고 있다
물빛 어린
아, 너는
아름다울 것

〈 1993 〉

고드름

비너스
허리에 감기는 하늘이 차다.

〈 1977 〉

山雲

동래 온천장
금강원에 케이블카가 놓일 무렵
내 스무살의 숲과 별과
그 청록의 上昇의 날들은
山頂으로
구름 속에 호젓하였지마는

…나는 갈데없는 벅수

그냥
한 번 주저앉지도 못하고
내 퍼석한 행방들은
아니, **傷**한 마음 같은 것들은
지금에사
아슬아슬 공중에 있는 줄을

가을山行

야위어 가는 단풍나무
잎새마다
비 듣는 저녁

산안개 휘드는 숲길을 돌아
감나무 잎이 지는
여관에 들면 허전하여라

낯선 곳에 와 날 저물 때
불빛은 스러질 듯 아름답구나

어둑한 숲속으로 드는
작은 새 한마리
여기서도 다들
혼자 저무는 것을 본다

〈 1986 〉

金井山人

金井山
山頂에 겨우 서 보라
길은
상아!
(발길이 뜸한 날은
더 하얗다.)
그리고 문 닫힌
어느 山家에 들라
산마루 끝까지 비틀거리면서
表層이 공처럼 통통 튀는
密酒가…
낙동강 저 쪽으로
황색 하늘이 뜨고 있다

〈 1997 〉

제 3 부

꽈리꽃
—미륵의 추억

구름 먼 산에 떠 있고
언제 갈지 몰라 갈지 몰라
파도소리 사이로
흩어져 어지러운 송화가루
쓸쓸한 어머니의
그리움처럼
누나의 겨운 안부처럼
꽈리꽃 열매 붉게 젖었다
가고 싶은 마음에
가을 안개 흘러 와 쌓일 때
빈손은 강물 따라
강물 따라
송림만의 풍광 맑은 하늘
뻐꾸기와 걷고 있었다

〈 1986 〉

소래 개펄

포구는 구석구석에
꺼뭇꺼뭇한 갯흙이었다
불모는 오래 계속되었다
갯가라도 삶은 아무 일 아닌 양
바다 갈매기 훠언한 날개짓일 뿐
어쩌면 낯선 버둥거림처럼
내내 왁자지껄한 수산시장
그 비릿한 하늘에 불쑥
제비는 스치듯 떠오르며
삐라같이 사라지며
켄터키 옛집인지 바빌론 하수인지
개펄은 낮게 낮게 누워 있었다

그 베로니카와 사랑과

사랑 믿음 소망이 교훈인 학교가 있었습니다
아이들에게 하느님
가르치는 학교였습니다

산 언덕에 있는 이 학교에서
내가 배운 것은 그저 낯설었던 십계명과
모세 노아 비둘기 백합 솔로몬
소돔 고모라 따위
요한 베드로 누가
유다 따위
천국과 낙타와 바늘구멍 같은 것들이었습니다

신발을 벗은 골마루인데도
달빛이 내린 바위 아래 꿇어앉은 예수의 저녁기도
아슴한 그 베로니카 때문에
나는 늘 숨 죽여 지나 다니곤 했습니다

울타리 끝에 푸른 바다가 넘치는

〈
낡은 벽돌 학교를 세운 이가 누구인지 모르지만
운동장의 높다란 벽은 언제나
저 아래 한길에서도 보이는 크고 흰
사랑 믿음 소망
으로 눈부셨습니다

하늘에서 이룬 것 같이
아멘
그 밖에는 다 잊은 주기도문과
오랜 동안까지
아이들에게 하느님 가르치는
그 베로니카와
사랑과

〈 1986 〉

歌客

가을, 겨울, 봄
나는 노래가 좋다 산과 들과 아지랑이
흐르는 듯이
하루살이떼 어지러운
허공의 멀리 뜨는 눈발같이

〈 1987 〉

헬리콥터

저녁 하늘에
헬리콥터 하나

차츰
작아진다

날고 싶다
못 가본 마을

〈 1986 〉

쉬는 시간

교실 칠판 위에
아이들은
분필을 비끗거린다

(아, 그렇지!)

가을 하늘로 꽂히던
그…
飛行雲

〈 1999 〉

童心으로
—산동네

산빛 저물면
저녁 연기 피는
산동네

갈잎
추운바람도
숲 속으로 슬리는
산동네

골짜기마다
산새 울음
끼룩끼룩 기우는
산동네

등불 몇 개
저희끼리 부비는
산동네

〈 1997 〉

이슬소리

풀잎에 산들바람
풀잎에 끝에 반짝이는
이슬의 소리

ㄷ

ㄹ
ㄹ

ㄹ

〈 1997 〉

탄광 마을에 내리는 눈

겨울 하늘이
호수처럼 고여 있는
탄광 마을에
눈이 내립니다
석탄가루 바람 사이로
겨우내 귀 시린 나뭇가지에
꽃 피는 눈은
온 천지에서 가장 흰 눈입니다
빈터의 탄더미 위에
작은 산새 왔다 간 뒤에도
탄광 마을에는 아직
눈, 눈, 눈이 내립니다

〈 1997 〉

달팽이 가고 있다

새와 같이는 못 간다 해도
해여, 달이여,
나는 하루에
얼마를 갈 수 있나…

〈 2006 〉

무지개

저기!…

앞산과 뒷산이
하늘 높이
반달 다리를 걸쳐놓았구나.

빛깔 선명한 저 다리는
그러나
오래 안 가.

〈 1998 〉

서울 아이

더하기
빼기
곱하기
나누기

새들이며 꽃들이며가
요술나라의 친구들만큼이나 멀리 있는 것이라서
미안하다
미안하다, 아이야

봄의 아지랑이도
여름 바람도
적요한 가을 겨울밤 이야기도
뜰 건너에서만 서성이다가
오던 길로 가나니

얌치 없는 사람들이라고
얌치 없는 사람들이라고 〈 1982 〉

옛 이야기

올봄엔 동해 먼 바다로
자주빛 바람이 불고
천길 절벽에 철쭉꽃 하나 찍히듯 붉더니
바닷가를 지나는 한 老翁
아으, 그 꽃을 내가 꺾었나니
수로여
그대 아니더면 이 철쭉꽃 못 보았으리
영영 못 보았으리

〈 1996 〉

비를 보며

누군가의 울음
울음 속 깊이 숨어서
빗물은 천 갈래 만 갈래 떠서 흐르는 것
어느 낯선 길목인들 젖지 않았을까
누군가의 가슴
가슴 속 깊이 숨어서

〈 1980 〉

전화

어느 날 케이 선생에게서 전화가 왔다
TV 한번 타지 않겠느냐
그 분은 굳이 마다 할 거 있느냐 이른다
발표도 좋지만
나는 시인도 탤런트도 아닙니다
그 TV 프로를 가끔
집사람은 눈여겨 보는 것 같았다

〈 1989 〉

렛 · 잇 · 비 · 미

들려 주고 싶구나
노래, 언제나 서운했던 노래
렛잇비미

그대의 소녀
덧없다 덧없다 눈물날 때
갈잎 덤불같이
렛잇비미

하늘 먼 데까지
그대 바람 부는 마음일 때

〈 1984 〉

바다

어쩌면 거대한 짐승과도 같이
그 푸른 등성이가 짙은 안개 물결에
슬리고 있다

젖은 모래밭 기슭을
언제까지나
못 박혀 돌고 있다

아스라한 허허벌판이 기울고 있다

〈 1990 〉

누가 교회 뒷뜰에서

긴 나무의자들이
희끗 바랜 페인트빛으로 앉아 있는
등나무 밑 작은 돌 위에
비둘기 날아 와 이웃 같다

… 뭘 주지?

드문드문 이끼 오른 돌담과
견고한 고요가 흐르는 석조의 벽과
오래 묵은 나무
나무숲도 나른하다

나무숲 이파리를 뚫고
웬 새 울음이었을까
희뿌연 공중에 깟깟까
흩뿌려지는 소리
그래, 까치
까치였을 게다

〉
새는 우뚝 솟은 첨탑의 꼭대기
거기서 한참을 내려올 줄 모른다
아예 거들떠보지 않는 극단주의자같이

〈 1993 〉

눈동자

노래만 같아도
까마득 아름다운 樂句
그 몇 줄을
그 여운을
되풀이했을 것을
내 가진 말
참, 분분해서

〈 1999 〉

아내의 그림책

아내의 그림책은 날마다 새롭게 채색되어 나를 당황하게 만든다.

아내의 그림책이 눈물로 깊어져도 나는 꼼짝할 수가 없구나.

아내의 그림책은 내 손바닥보다 늘 크다.

슬픔을 짓씹는 꽃나무가 아내의 그림책 속에서 자라고 있다.

아내가 잠들 때 나는 아내의 그림책 속에 들어간다.

뿌리 깊은 슬픔의 가지를 잘라야지.

아내의 그림책이야말로 폐허다.
폐허에 새로이 빛나는 꽃나무를 어쩌나.

〈 1977 〉

어느 인디언 소녀에게

바람에 날리는 풀씨야
저 넓은 하늘에
까닭 모르게 와서 날리는 풀씨야
안개 속에 지는 갈대꽃
혼자서 흔드는 바람이야
비를 사랑하는 그대
달이 되고 싶은 그대
쓸쓸한 노래는 노을에 스러져도
작은 풀씨
바람에 날리는 풀씨야
우리는.

〈 1979 〉

휘파람새

휘파람새가 사는
아카시아 숲속에 설 때
저, 휘파람새는
素服 여인의 하늘거리는 치마폭을 뒹구는
바람魂!

〈 1995 〉

雪行

어딜 가나
저
하얀 고요의 넓이…

내 무슨 도리 없는
회한 같은 것…
너도 저 눈길에 서라
그 설핏한 눈그림 속에.

〈 1998 〉

안압지

에머랄드 물든
연못가에
머언 날 인적이 아른거리다
푸른, 붉은, 흰, 하늘로
아름다운 자락 흘리며
즐거운 맨발들
끝없는 잔디를 구르다
어느 가을날
산 너머 흐르는 하늘로
한 청년이
한 점 박히다.

〈 1991 〉

率居의 새

창공을 내리고 싶었을까
천년 노송의 거친 잠에 부딪치며
새들은
미끄러지고 마는 허허한 가슴이로다
날고 또 날아도
안 보이는 끝처럼

童心으로
—봄 전철

이른 봄날에는
전철을 타자
우우우우 달리다 보면
차창엔 노오란 개나리개나리개나리개나리
꽃빛이 조잘조잘 달아난다
갓난 병아리떼같이

〈 1987 〉

막대 뜀틀

쿵—
   쿵—
쿵—
쿵—

먼 산줄기
출렁이고
담장 너머
등꽃?
보였다
안
보였다
칸나?
안 보였다

쿵—쿵—쿵—

제 4 부

빈 들에 서서

저기 보이지?

빈 들 저쪽
누렇게 낡은 목조집 하나 보이지?
저게 우리 집이야.
헌 유리창이 저절로 푸르고 맑은 것은
주인인 내가 집을 비웠기 때문이야.

빈 들이 속 없는 바람에 노래하는 것을 들었는가.
묵은 언약이 들을 부는 바람에 떨어지는 소리는 들리는가.

그대 눈물 같은 이름.
떨어져 나간 소리는 다 어디로 묻히는가.

빈 들 저쪽
누렇게 낡은 목조집 하나 보이지?

〈 1978 〉

헌화를 위한 몇 마디

1
바람의 집에서 듣는 쇼팽의 빗소리에

2
智惠子— 구쥬우구리의 모래밭에, 송화가루
쏟아지는 구름에

3
고갱이 그린 타히티의 벌거숭이 낙조에

4
눈 덮인 산중의 섬, **良寬**의
한 오두막에

등대

밤바다에서 보리라
거기, 아직도 서성이고 있는
그 먼 불빛을
그 그림자를

무슨 긴 시름처럼

外人村

우리 집은 강 건너 두 칸 셋집이지만
南山 아랫목의 조용한 外人村은
그림 그리고 싶으이

숲 속에 있는 지붕
숲 속에 있는 길
아직도 비엔나 숲 속의 이야기가 들리고
내 손목시계도 이곳을 지날 때는
잠시 엉뚱한 소리를 낸다

〈 1984 〉

가을나비

가을에는
있을까

바람 불어 서운한
나비야
가을에는

땅에 떨어지고 있는 것
꿈이었을까
꿈이었을까

누우런 잎사귀들을 쓸어가는
휑한 먼지 속에서
나비야

네가 갖고 싶었던 것
그리는 것
있을까

〈 1986 〉

포인세티아

눈 속에
발끝이 시린
몇 채의
지붕
먼
산마루를 넘고 있었다

하얀 지붕 위에는
포인세티아

天痴같이

〈 1986 〉

들길에서

이미 잊은 낱말들이
하나 둘 푸른
휴지처럼 흩어져 날리는 들길은
오히려 쓸쓸하다

구름 몇 점 풀리는 버드나무
긴 그리메 비치는
서늘한 초록의 자취
그리운
그 풀빛 풀빛이다

멀리
등을 보이며 멀리
강물 흘러가고
어딘지 흘러가는

들길의 흐린 끝으로
마른 바람이

〈
오히려 이제 쓸쓸하다
〈 1989 〉

인상印象
　　―대표작, 그것

누가 묻지도 않았는데
―박형! 내 대표작은 귀천歸天이오
―(……)
시인 천상병이 동료 박재삼 선생에게
하던 말이
지금도 생생하다

80년대 초 어느 오후
관철동의 한국기원韓國基院 1층
찻집,

나도 우연히 그 자리에 있었는데
대번에 예사롭지 않은 느낌이 들어
어색했다

대표작이라…! 게나 고둥이나
시 한 편 쓰기도 어려운데
그것 쉽지 않은 일 같기에,

여백

없는 밑천에
시를 말하기는
난감한 일이지만,

시인에 대해서는
언제나 시가 머릿속에 있는 사람
이라
할 수 있을 것 같습니다

(다른 말이 별로 안 떠올라서
더 나가지 않기로 합니다
—가도 허탕이라는 게냐*)

---

* 靑馬의 「낮석점」에서

바다에서

파도에 씻기우는 사람들
끝 모를 수평선에 매달리고 있다
아아, 모를 일이다
세상 산다는 것

〈 2007 〉

언더라인

끝이 보이기 시작하면서
내 눈은 이미 게걸음을 친다
한 쪽으로 한 쪽으로만

가령 시를 보는 눈도,
시를 생각하는 눈도,

프랑시스 카르코는 몇 천이라는 은빛 유리를 번쩍이며 흘러가는
세느의 강물을 보면서 젊은 날의 회상기를 쓴다
가벼운…
기교 따위는 부리지 않았고
허황한 성공은 바라지도 않았다, 라고

〈 2007 〉

에추드에서
―문우 황광주 형께

東大캠퍼스
중앙화단으로 가을이 와 머물 때
박물관 오르는 하얀 돌바닥길 위에
사정없이 흩어지는
깔깔한 은행잎들
노란빛의 反射는 차라리 처연했다

미라보 다리를 외던
文友村 친구들의 맑은 얼굴에도
젊은 날의 그 그리움 같았던,
그 고통 같았던,
습작시대의 불안한 뒤척임이 떠올라 있었다

학생 때의 가을잎처럼
많은 나날과 함께
친구들은 다 다른데로 흩어져 갔다
草邑으로
검은 산호의 도시*로…   〈 2008 〉

*『검은 산호의 도시』는 원로 구연식 선생님의 시집

무늬
— 골목 찻집의 기억

壁畵처럼, 혹은
化石처럼
그 화백
늘 그 자리에 있었다
대체 무얼 생각하는지
校服 차림의 나는
그의 내면에 그려지고 있는 것이 궁금하였다
분홍 구름 피어 흐르는 桃花園일까
저 멀리 빛나는 자운영 들녘일까
지금 화백의 모습은
골목 어디에도 없지만
그의 視線에 얼룩지던 것은
아마 오랜 耽美主義였으리라
그 무늬를 判讀할 수 있는 세월이
내 속에도 와 있었으니.
나는 그저 呵呵할 뿐
呵呵할 뿐

〈 2008 〉

언더라인 • 2
—截然

지금은 제목도 잊어버렸지만
片雲의 글이었던가
…내가 어디 쯤에 가고 있는지
모르리라…

전혀 캄캄한 벤치—

아무 것도 운반되지 않았다

〈 2008 〉

바다의 肖像

바다와 멀수록
파도 소리
더 잘 들린다

한겨울의
밤바다의
돌아오지 않는 肖像

우리가
세상 어디에 있건
파도가
남은 말을 되풀이하는
까닭에

〈 2008 〉

盞, 이미 늦은
―K 선생님께

선생님, 李君입니다.

…으으이…

(선생님) 건강하실 때
광복동, 남포동에서 藥酒도 한 번
못 드리고… (선생님께서 하셨듯이)

…으으이…
고-오-맙-다

(못난 놈, 안 편합니다.)

〈 2008 〉

샘
—나의 칸타빌레

나는 새삼 맑은 샘이
어딘가에는 있다고 말하자

제 갈증만큼 마른 목을 축이는
그런 샘이 있다고

소리 안 나게
무시로 허밍하는
안단테 칸타빌레처럼

샘이 어딘가에 있다고 분명 말하자

문득 내 시심詩心도
새삼 맑은 샘 같았으면, 하고

혼자 속으로.

〈 2009 〉

언더라인 • 3
—虛構

우랄 철도의 한 시골역
그 역驛이 잘 생각나지 않는다
야스나야 포리나야?
아스타보부오?

선생은 언젠가
시인이 되어 나귀를 타고*
썼다
톨스토이를 위한 허구를
문제는 내면이라고,
진실이라고,

(요컨데 그것이 착각일지라도…)

서울 근교엔
오류역五柳驛도 있지?

〈 2009 〉

*김춘수 선생님의 산문집

언더라인 · 4
—미로

九德 강의실
법철학 시간에 노트한 말,
raison d'être

고흐에게 해바라기가 있듯이
쇼팽의 바다에 빗방울…이 치듯이

……
(그런 것 아닐까.)

(퍼뜩 떠오르는 말들이 誤讀은 아닐까.)

삽화

남산 대원사(寺) 돌층계를 헤며
가로등 불빛이
잎 다 진 겨울 나무의 등에 비치고 있었다

-저거 봐래이, 저어거 보소… 이 겨울에,

이오덕 님이 가리키는 허공으로
벗은 가로수 잎들이
날 좀 보소, 환하게, 날 좀 보소,
(와아, 컬러풀!)
일시에 손바닥을 펴들었다

距離

…이런 글을 왜 쓰는지 모르겠소.

고독인 것 같소.
피避할 수 없는,

수푸루지*周邊

1. 숲 속의 떼까치

까마귀가 빙빙
까치 둥지 근처를 날자
까치 서넛 따라붙고
한참에 둘, 넷, 여섯, 또 하나, 둘…
떼까치 어지러워
까마귀 에이, 그만 가네

2. 舊式

내 후회 되는 일 많고
많아서
濯足, 그것 말고는
딴 길이 없으이

芒鞋庵이여
한마디 주오

〉
무슨, 좋은 수 있거든…

〈 2009 〉

*수푸루지는 안양 비산동의 뒷골목

모래시계

내 소시少時 때처럼
상 같은 것 하나 받고 싶네
판에 박은 듯이
화려한(?)
    이란 수식을 동반하고
상(1), 상(2), … 상(7)…이라
기찻길같이 풀어놓기 위해서
(이런 … 웬 무인지경인고-)

그야 어찌 되었건
말인즉슨 그게 썰렁한,
아니 넉넉한
소감 한 줄이 쓰고 싶어서 그런지도 모르지
―가장 어려운 예술은
자유롭게 인생을
살아가는 일이다.[*1] 하고,
(아아, 얼마 만인가,
구름에 달 가듯이,[*2])　　　　　　　　　　　　　〈 2009 〉

*1 芥川의 「난장이의 독백」에서
*2 木月의 시.

그 노래
—物情

물가에 갈 때
전설같이
떠내려가는 그림; 공무도하

님은 물을 건너지 마오, 속의
그 노래 속의
백수白首, 호리병 하나 느릿한 강물살에 놓친…
그도 백수白手였을까
(아니, 그냥 룸펜이었을까-예나 지금이나
사람 사는 것은 별로 다르지 않다고,
누가 그런 말을 하는 것 같다.)

〈 2009 〉

제 5 부

시ㅅ病과 藥

하도
같잖은
시가
꾸역
  꾸역
나오니,
이걸
병이라고
해야

듣는
약이
있을까

〈 2011 〉

그 무렵

시청 앞 프라자호텔 커피숍
광장 쪽 창가에서

(둘도 없는 친구 宋公과 나는)
〈디젤 엔진〉에 피는 들국화*와 같이
조향 선생님을 뵙고 있었다

―서울서 한 십년은 돼야… 된다 카데

(그 십년이 휘익 가고,
 가고, 또 가고…)

〈 2011 〉

*조향의 시 「바다의 층계」에시

물에 쓰다
　　—시인K의 3行詩

나귀 타고 천천히 스튜디오에 나왔다고
K는 어느 TV에서
즉흥인 듯한 어투로 3行詩를 읊고 있었다
…(大意) 노를 저었네, 노를 놓쳤네,
아, 물이 보이네

〈 2011 〉

*혹시, 텍스트가 있는 시인지 분명치 않아서 그 大意를 잡아 보았다

前夜, 혹은

어, 할아버지!
뭐 하세요?
담배 피세요?

U턴
―오후의 시

한참 가야 하는데,
그냥
U턴 해야 할 것 같다
시야가 흐리고
기억의
안개도 곧
없었던 일이 될 것이라…
어떻든
U턴 하는 수밖에
길은 사뭇
멀고 멀었는데,

〈 2013 〉

뭐라고?

오십이 넘으면
허무할 거 같아

(뭐라고?)

사십도 겨우 될까 싶잖은
젊은 여자들이
공원을 가면서 내뱉는다

글쎄, 그거…
공자나 할 법한 소린데

참 빠르기도 하지
언제 터득한 걸까,

〈 2013 〉

순간
―시인의 모습

오래 안 잊히는 이름이 있다
宋油夏

주부생활社였던가
여의도 직장 근처의 작은 식당에서
바쁜 틈새에 숙제하듯
불쑥, 시론? 같은 걸
내려 놓던 그의 모습이 안 잊힌다
바로 어제 일 같은데

좋은 사람,

순간은 자주 오지 않는다

〈 2013 〉

가을 노래
—이 한 편의 시[*]

이헌구 편저의 詩選에서
베를레느의 가을 노래를 읽는다
뭘 몰라도 名譯 같다
가을 노래를 읽다가
시의 언어는 분위기의 언어라는
시인 최정석의 말을 떠올린다
시도 이쯤은 돼야 한다고
이 한 편의 시를
마음에 적는다
시를 느낄 수 있어 다행이다
가을 바람 속에서,

〈 2013 〉

*월간 《한국문학》의 칼럼

메시지

삐
소리
후
메시지를
남겨
주세요

      삐이이이익

거
참
007
같거든,

슬슬
—친구 생각

대학을 마치자 시애틀로 간 친구가
40여 년 만에 고향을 다니러 왔다
내 집이 하도 허름해서 우물쭈물하는데
집이란 게 별 거 있나 비만 안 새면
됐지, 하고 내 기분을 챙겨 준다 아하,
그렇구나 내 이 나이 되도록 아직 그걸
몰랐구나!

그 친구가 왔다 간 후 나는 슬슬
세상 보기가 바뀌는 것 같았다 이
부실한 시 한 편도, 그 무엇도

팽목항, 그 해
―노란 리본

보고 싶다고
사랑한다고 사랑한다고

노란 리본이 허공에 물결치고 있었다

남은 사람들의 마지막 희망도
잔인한 4월도
끝내
침몰하였다

〈 2014 〉

비망록 • 1
—8할, 혹은

내 이제사 깨닫는 것은
육십이 다 가도록
빚만 지고 살았다는 미안함!

내 연치의 8할이 빚이었으니

나는 어렵게 말한다
할 말 없음, 이라고

〈 2014 〉

이런 詩
―종로 서점가에서

이런 詩를 왜 쓰는지 모르겠소.
(내 친구 S의 말)
아마도, 고독인 것 같소.
(내가 대꾸하지 못한 말)

그리고 3,40년 후
나는 지금 왜
이런 詩를 쓰는지 모르겠다.

〈 2014 〉

10년

南太嶺 넘어 10년
어느새 半白이라니!
나그네길은 더욱 서먹해지고
秋風에
지는 잎 소리*도 들릴테지

〈 2014 〉

*黃眞伊의 시조

봄, 편지

그대는
먼 데 가지 말고,

―거기서 놀라
 붉고 누른 꽃밭에서
 나도 따라 가리라*

이 향기로운 봄날에

〈 2015 〉

*怡山의 몇 구절

여로
—잠언투로

한 천년도 전에
어느 시인*이 이렇게 말했다
천지가
그대의 설계도 아닌데
세상 즐거이 보내세나, 하고

〈 2015 〉

* 「루바이야트」의 저자

단장斷章
—늦은 안부

때때로 낙향落鄕을 생각한다
내 아무 것도 해놓은 것이 없는데, 떠밀려가듯이
그냥 떠밀려가듯이

나이 들수록
사무치는 일도 많아지고

가물가물한 육성肉聲들
아쉬움 남아

마음에 걸리는 것
다시 시작할 순 없을까

고작 그 모양이겠지만

문득 떠오르는 말
-이 선생은 왜 그리 욕심이 많소?

〈 2016 〉

비가悲歌

가령,
모딜리아니의 그림이
제 값을 받는 데
100년이 걸렸다면

그대의 노래가
제 빛을 발하는 데는
글쎄,
얼마만한 시간이 걸릴는지

〈 2016 〉

근황近況

인생은 짧다는 말
아직은 설마, 설마 했는데
칠십도 넘고 보니
과연! 이구나 싶네

〈 2017 〉

고독孤獨

난다, 긴다 하던 친구들
하나 둘
가고 없다

벌써

추풍낙엽이라는,
적막강산이라는 것인가

길가에는
전화 부스가 있고
두툼한 전화 번호부도 있었는데
언제부터인지 그것도 사라지고 없다

안부가 궁금한 사람도 많은데
어찌하나
별 수가 없다

〈 2017 〉

□ 발문

맑은 사색이 깃든 이미지

강영환(시인)

 이석근 시인은 평생 궁핍을 껴안고 살았다. 시인은 22년 8월 뇌졸중으로 쓰러진 뒤 의식 불명인 상태로 있다가 23년 타계했다. 나와는 오래전 만난 인연이 있다.
 이석근 시인의 작품은 외형적인 모습은 이미지를 중심으로 표출되었고, 내용적으로는 식물적 상상력을 바탕으로 하고 있음을 발견할 수 있다. 시인의 작품은 간결한 이미지로 절대 미학을 추구하는 예술지상주의에 닿아 있다. 시인은 우선 자연 앞에서 순수해진다. (「먼 목화밭」)
 이석근 시인의 공간에는 늘 꽃이 있다. 여린 감성으로 세상과 만난다. 한 마디로 이미지를 추구하는 시, 다치기 쉬운 맑은 영혼이 흐르는 작품을 쓴 시인이다. 시인의 초기 시는 낭만주의와 이미지즘 사이에 놓여 있는 듯 보인다. 세월이 흐른 뒤에는 차츰 현실주의에 가까운 모습을 갖기도 한다.

  내가 이 글을 쓰게 된 계기는 아주 특별하다. 2024년 크리스마스 이브날 한 통의 전화를 받았다. 그 전화는 나를 1979년으로 끌고 갔다. 그동안 소통이 되지 않고 있던 이석근 시인의 아드님으로부터 온 전화였다. 그에 의하면 이석근 시인이 작년에 타계하셨다는 소식과 아버지의 유고시집을 출간하고자 하는데 도와줄 수 있느냐는 내용이었다. 고인의 유품을 정리하는 중에 보관 중인 편지 묶음 중에서 나의 편지가 있었고 그 내용을 읽어보니 이석근 시인에게 보낸 나의 편지를 보고 내게 자문을 구할 수 있겠다는 느낌을 받았고 그래서 출판사와 통화 후 내게 연락을 했던 것이다. 인연을 연결해 준 편지를 유고와 함께 보내왔다.

錫根형

  《뿌리깊은 나무》 정월호에 실린 형의 시 「갈대」를 잘 읽어 보았습니다. 잘 정제된 언어의 감각미, 살아서 두둥거리는 詩語들을 만날 수 있었습니다.

  끊임없이 고군분투하시는 그러니까 『장미의 흔적』에서 몇 개의 계단을 밟고 올라 서있는 兄을 만날 수 있어 참으로 기쁘기 한량 없습니다. 저는 작년 의령에 있다가 부산 해운대 여상으로 자리를 옮겼습니다.

몇 군데 시도 보이기도 했습니다. 그러다 要式行爲를 하고 싶어 現代文學 10月號(78년)에 山淸이라는 필명으로 작품을 初回推薦 받았습니다. 물론 동아일보 신춘문예 가작이라는 어줍잖은 후광으로는 작품활동을 마음껏 표정을 밝히고 할 수 없었기 때문입니다.

석근형

죽어 넘어지지 않을 투철한 詩意識으로 무장하고 술을 빈 위장에 흘려 보냅니다. 외로운 작업에 의해 성장해온 오늘의 여기 다시 내일을 위해 쉼없이 연구하고 또 쓰고, 쓰고, 써서 습작기의 걸레같은 사념을 풀어버리고 참으로 어렵고 힘든 작업. 애시당초 이런 몸서리치는 곤혹을 느꼈다면 입문치 않았을지 모릅니다. 정말 그럴까요. 저는 그것을 부정도 긍정도 하고 싶지 않습니다. 이제 엄연한 현실로서 눈앞에 펼쳐진 갯벌을 푹푹 발을 빠뜨려 가면서 彼岸의 섬으로 다가가야 할 입장입니다.

뇽님, 그럼 다른 지면에서 또 좋은 兄의 作品을 대할 수 있기를 고대해 마지 않습니다.

1979. 1. 23

釜山에서 永奐 경배

이석근 시인과 내가 다니던 당시 동아대학교의 문학 풍토는 국문학과를 중심으로 한 쉬르리얼리즘 계열을 추종하는 기류가 강했다. 그 이유는 초현실주의를 지향하는 조향 시인이 한동안 재직하면서 그 씨앗을 뿌렸고 조향 시인에게서 배운 구연식 교수가 국문학과의. 헤게모니를 쥐고 있었기에 국문학과가 아닌 법학과에 다니던 이석근 형은 주류에 편입되기는 어려웠다. 사실 동아대 출신은 국문학과 출신 시인보다는 타과 출신 시인들이 더 두각을 드러내는 경우가 많았다. 이 학교 법학과 출신인 오규원 시인과 이석근 시인 그리고 신춘문예를 거친 나는 경영학과 출신이다. 부산의 문인들은 그렇게들 말한다. 동아대 문인들이 많이 등단하지 못하는 것은 바로 쉬르의 영향에서 벗어나지 못하기 때문이라고들 한다. 그것이 사실인지 아닌지는 입증할 방법이 없다. 그저 그럴 수도 있겠거니 하거나 아닐 수도 있겠거니 하고 속으로 삭힐 뿐이다. 이런 풍토에서 재학 중인 이석근 시인은 1967년에 대학문학상을 받는다. 상을 받은 뒤에도 이석근 시인은 많이도 외로웠나. 그의 작품은 쉬르와는 매우 동떨어진 이미지즘을 바탕으로 한 순수서정시에 속하기에 주류에는 어울릴 수 없는 세계를 걷고 있었던 것이다.

이석근 시인은 1974년 《풀과 별》誌로 등단했다. 이 시 전문지는 제호가 말해 수듯이 서정성을 위주로 한 작품을 많이 실었고 또한 신인 배출도 서정시를 위주로하는 시인을 배출하는 것으로 정평이 난 잡지다. 좋은 시인으로 분류되는 시인들이 많이 배출된 잡지다. 참여와 순수의 이분법이 팽배하던 70년대에 자연과 꿈의 세계를 추구하는 이 잡지는 시단에 신선한 충격을 준 이후 이 잡지는 단명하고 만다. 시인에게 출신 잡지는 친정과 같다. 친정이 사라진 뒤 시인은 다시 1978년 《시문학》지로 문단에 다시 나오는 요식행위를 한다. 새 거처로 친정을 마련한 것이다.

이석근 시인은 남들과 잘 어울리지 못하는 성격이어서 시인들 간에 교류도 많이 하지 않았다. 자신을 드러내는 일이나 작품을 들고 잡지사를 찾아다니는 성격이 되지 못해 외톨이로 자신의 세계에 웅크리고 있었을 것이다. 그런 참에 나의 편지를 받고 반가웠을 것이다. 그래서 오래도록 별 볼 일 없는 남쪽 시인의 편지를 받고 반가웠으며 오래 간직했으리라 본다.

내 기억으로는 편지에 대한 답을 받은 기억이 없다. 그래서 그 뒤로는 서로 간에 연락이 두절된 상태로 2024년에까지 오게 되었는데 그의 아드님으로부터 타계하신 소식과 함께 유고 시집을 만든다는 소식을 접하게 된 것이다.

가제본으로 보내온 이석근 시인의 작품을 읽어보니 변함없이 여리고 순수하다는 느낌이다. 생활고로 바쁜 석근 형은 과작이었다. 1974년 등단 후 한 권의 시집 『장미의 흔적』만을 상재하고 이제 유고 시집을 만들려 하고 있으니 평생 두 권의 시집을 남길 뿐이다. 맑고 고운 감성으로 더 많은 작품을 남겼다면 하는 아쉬움이 남는다. 누가 곁에 있어 그의 작품에 박수쳐 주었다면 더욱 신나서 더 많은 생산이 이뤄지지 않았을까하는 생각이 들기도 한다. 그러나 어쩌랴 세상과 타협하려 않는 시인의 청청한 성격이 만든 길인데 이제는 남겨진 작품이 더욱 빛나 사람들의 가슴에 내려 별처럼 반짝이기를 바랄 수밖에 없다.

비너스
허리에 감기는 하늘이 차다

—「고드름」 전문

이석근 시인의 초창기 작품들은 이미지즘으로 출발한다. 어떤 면에서는 김광균 시인이 보여주는 이미지 모습도 보인다. 에즈라 파운드의 「지하철 정거장에서」와 같은 탁월한 이미지로 그 존재를 드러낸 작품도 이천년대 이선 작품들에서 만날 수가 있다. 물론 그때의 작품들에서는 김춘수 시인의 순수서정시의 모습을 띄기도 하지만 아무래도 이석근 시인의 작품은 어떤 의미를 담기보다는 아름다움의 발견에 있다고 본다. 위 시도 고드름이란 사물에서 발견하는 아름다움은 절대적 미에 가치를 둔다. 지붕 끝에 고드름이 매달린다. 얼음으로 지상을 향해 뻗은 고드름은 파란 하늘을 배경으로 물구나무 서있다. 매끈한 알몸을 비너스에 비유한 것도 이미지의 새로운 발견이지만 알몸 허리에 감기는 하늘을 발견하는 것도 시인이 아니면 찾아내기 힘든 이미지다. 미인의 눈매는 대개 쌀쌀맞다. 그러기에 허리에 감기는 하늘도 차갑게 느껴지는 풍경이다. 이 시는 순간의 이미지만으로 고드름이 갖는 본질적 의미를 그려낸다. 이석근 시인이 발견하는 자연이다. 사물이 본질적으로 갖고 있는 의미의 존재를 찾아 나서는 방법론을 이석근 시인은 갖고 있다.

이석근 시인의 시에는 꽃이 자주 등장한다. 어떤 특정한 꽃이라기보다는 보통 명사인 꽃의 이미지다. 꽃에 특별한 의미가 부여된 것은 아니다. 시인이 추구하고자 하는 이미지가 꽃에 부합되기에 무의식적으로 꽃에 가닿는다. 꽃은 아름답다는 의미를 갖고 있는 순수 그 자체다. 이석근 시인이 추구하는 순진무구의 세계를 보여주는 단초라 짐작된다.

겨울 하늘이
호수처럼 고여 있는

탄광 마을에
눈이 내립니다
석탄가루 바람 사이로
겨우내 귀 시린 나뭇가지에
꽃 피는 눈은
온 천지에서 가장 흰 눈입니다
빈터의 탄더미 위에
작은 산새 왔다 간 뒤에도
탄광 마을에는 아직
눈, 눈, 눈이 내립니다

—「탄광 마을에 내리는 눈」 전문

  탄광 마을은 검은 탄가루로 검은 마을을 이룬다. 검은 마을에 내리는 하얀 눈이 대비되어 더욱 눈이 가진 본질적 의미에 쉽게 접근할 수가 있다. 이 시를 보면 김춘수 시인의 「샤갈의 마을에 내리는 눈」을 연상하게 한다. 샤갈은 몽환적이거나 환상적인 그림을 그리는 화가이다. 그가 그린 그림들은 하늘을 나는 신부가 있고 염소와 농부가 얼굴 맞대고 웃고 있는 마을의 그림도 있다. 김춘수 시인의 작품은 일상을 초월한 그림 속의 환상을 쫓아간다면 이석근 시인의 이 작품에는 현실의 을씨년스런 풍경이 담겨져 있다. 탄가루 바람 속으로 흩날리는 눈이 탄광 마을의 검은 풍경을 하얗게 덮어 주었으면 하는 바램을 갖는다. '겨우내 귀 시린 나뭇가지에/꽃 피는 눈은/온 천지에서 가장 흰 눈입니다' 겨울나무 가지에 눈꽃이 핀다. 꽃으로 핀 그 눈은 온 천지에서 가장 흰 눈으로 지칭하고 싶다. 꽃이 된 눈 그 눈은 순수하기에 그만큼 더 하얗다는 걸 느끼는 화자는 탄광 마을은 화자가 갖는 우울한 현실을 의미한다. 화자는 암울한 현실을 눈으로라도 덮고 싶은 마음이며 그 암울한 마을에 온 눈이 꽃이 되어 주기를 바라는 마음이다. 빈터의 탄더미가 쌓인 위에 작은 산새가 왔다 간 다음에도 눈이 계속 내린다. 눈을 반복해서 쓰게 된 연유는 그만큼 내리는 눈에 대한 간절함이 묻어 나온다. 어쩌면 시인이 처한 현실을 비유적으로 그려낸 것은 아닐까?

敎保 지하상가
시집 코너에서 반시간 가량
붙들려 있었다

金宗三이
나를 괴롭혔다

—「넌센스」 전문

시적 화자는 교보문고 시집 코너에 앉아 김종삼 시인의 작품에 푹 빠져 괴롭힘을 당하기도 한다. 김종삼의 시가 붙드는 것이 아니고 스스로 시에 잡혀 시인이 만든 시 세계에 침몰하며 괴로워 하기에 이르른 것이다. 지극함에 빠지게 되면 즐거운 비명을 내지르는 것처럼 빠져 듬을 스스로 인정하는 셈이 된다.

 궁핍한 살림을 보살펴야 하는 시인의 모습은 영락없는 김종삼 시인의 모습과 닮았다. 군더더기 없는 간결함과 선명한 이미지로 엮어낸 시의 모습도 닮았다. 아마도 시인은 김종삼 시인을 가슴에 모시고 산 것은 아닌지 의심이 간다.

 7~80년대는 작품발표 지면이 시인 수에 비해 턱없이 모자라던 시기여서 시인들은 작품 발표 무대를 찾아다니던 시기였다. 지방 시인들은 방학을 맞이하여 상경하거나 잡지사에 후원을 하여 지면을 할애받거나 하던 시기였다. 소위 중앙 무대라고 하는 서울 지역을 중심으로 하는 잡지에 발표를 위해서는 편집자와 술 한잔이라도 나누는 여유가 있어야 했다. 궁핍한 시인은 유행에 따르는 작품을 써서 보내도 편집자의 캐비넷에서 몇 년을 기다려야 했다. 그런 상황에 자존심 강한 시인들은 펜을 접거나 과작으로 일관하는 것이었다. 이석근 시인은 과작으로 문단에 대한 섭섭함을 드러내기에 이르른 것이다.

이석근 시인은 2000년대에 들어서서는 미약하게 사회를 바라보거나 현실에 대한 이해를 꿈꾸는 모습을 드러낸다. 현실 문제에 부대끼면서도 현실을 향해 발언하지 않고 예술지상주의적 태도를 지녀왔던 시인은 그동안 시에 충실해 왔던 태도를 바꾸기 시작한 것이다. 현실을 발언한다고 해서 그 현실이 교정되거나 나의 것이 되거나 하지 않는다는 것을 알았다. 그러기에 현실에 빠지지 않고 시에 혹은 시 정신에 몰입되어 오직 시를 살아 왔던 것이다. 이석근 시인의 작품을 대하면서 본질적으로 시란 무엇인가?에 대한 의문을 갖게 됐다.

아내의 그림책은 날마다 새롭게 채색되어 나를 당황하게 만든다.

아내의 그림책이 눈물로 깊어져도 나는 꼼짝할 수가 없구나.

아내의 그림책은 내 손바닥보다 늘 크다

슬픔을 짓씹는 꽃나무가 아내의 그림책 속에서 자라고 있다.

아내가 잠들 때 나는 아내의 그림책 속에 들어간다.

뿌리 깊은 슬픔의 가지를 잘라야지.

아내의 그림책이야말로 폐허다.

폐허에 새로이 빛나는 꽃나무를 어쩌나.

—「아내의 그림책」 전문

시적 화자는 아내의 그림책을 들여다 본다. 늘 보는 그림책이지만 그림책은 날마다 다른 색깔로 채색된다. 새롭게 채색되는 건 슬픔으로 깊어진다는 의미를 갖는다. 깊어지는 슬픔을 나로서는 어쩔 수 없는 한계를 지닌다. 내 손바닥으로 가릴 수 없는 슬픔의 크기다. 슬픔으로 가득 찬 그림책이지만 아내는 그 슬픔을 짓씹는 꽃나무를 키운다. 어쩌면 작은 행복일지도 모르는 꽃나무는 자라는 아이들의 상징으로 만들어진 것일 수도 있다. 아내가 잠들었을 때 나는 그림책 속으로 들어간다. 그리고는 슬픔의 기지를 잘라야겠다고 마음 먹는다. 그렇게 마음 먹고 보니 아내의 그림책이 폐허로 보인다. 그동안은 세상이 폐허로 보였는데 아내의 그림책 속에는 현실이 놓여져 있음을 발견한 것이다. 더군다나 폐허 속에 새로운 꽃나무가 빛나고 있으니 그 꽃나무를 자를 수는 없다. 이를 어쩌나 스스로 낭패감에 빠진다. 폐허 속에서도 꽃나무를 발견하는 화자는 세상을 바라보는 시선이 따뜻하고 긍정적임을 보여준 것이다. 폐허 속에도 버릴 수 없는 꽃나무와 같은 희망이 존재함을 찾은 것이다.

저기 보이지?

빈 들 저쪽
누렇게 낡은 목조집 하나 보이지?
저게 우리 집이야
헌 유리창이 저절로 푸르고 맑은 것은
주인인 내가 집을 비웠기 때문이야.
빈 들이 속 없는 바람에 노래하는 것을 들었는가.
묵은 언약이 들을 부는 바람에 떨어지는 소리는 들리는가.

그대 눈물 같은 이름.
떨어져 나간 소리는 다 어디로 묻히는가.

빈 들 저쪽
누렇게 낡은 목조집 하나 보이지?

―「빈 들에 서서」 전문

 이 시의 정조는 쓸쓸함이다. 빈 들에 서 있는 목조집을 가르킨다. 저게 우리 집이야. 목조집은 화려하지는 않지만 그 정경만으로 마음을 기댈 수 있는 편안함을 준다. 빈 들과 낡은 목조집이 주는 황량함에 더하는 쓸쓸함은 헌 유리창이 맑고 푸르게 비쳐보이는 것은 그곳에 내가 부재하기 때문임을 역설한다. 나의 부재가 집을 아름답게 만든다는 역설은 내가 집에 대하여 어떤 기여도 하지 못함을 보인다. 자신이 주인이면서 집을 비워야 집이 더욱 빛날 수 있다는 의미는 목조집이 아직은 자신의 집으로서의 역할을 하지 못함을 뜻하던가 자신이 주인으로서의 역할을 하지 못한다는 것을 의미한다. 집을 둘러싼 빈 들이 속없는 바람에게 노래해주고, 묵은 언약이 들에 부는 바람에 떨어지고 그런 소리들을 나는 듣고 있는데 자네에게는 그 소리가 들리는가고 묻는다. 그 소리들은 눈물 같은 이름이며 알 수 없는 곳으로 가서 묻히고 만다. 빈 들이 가져오는 쓸쓸함의 정조는 낡은 목조집을 더욱 아픈 현실 속으로 끌어 온다. 이 작품에서 시적 화자는 나와 목조집을 동일시한다. 대화의 상대에게 목조집을 가르키며 보여주고 있지만 실상은 자신의 외롭고 쓸쓸한 부재를 보여주고 싶은 것이다. 이런 유형의 작품이 이석근 시인이 후반에 현실과

만나는 접점임을 보여준다. 물론 시적 화자를 등장시켜 간접 화법을 통해 자신의 내면을 드러내고 있지만 독자들은 누구나 쉽게 시적 화자가 바로 시인의 모습임을 알 수 있다. 그리고 시인은 멀리 빈 들에 서 있는 낡은 목조건물임을 알 수 있는 것이다.

 좀 더 일찍 이석근 형과 소통되었더라면 응원을 해 줄 수 있었을텐데 안타깝다. 사후에라도 형의 시들을 대할 수 있어서 그나마 위안이 된다. 술잔을 앞에 놓고 그동안 다 풀어내지 못한 너스레를 횡설수설 토하듯 쓴 발문을 영전에 올린다. 이석근 시인의 명복을 빈다.

책 끝에/이석근

먼 消息

시에 대하여 새삼 뭔가를 말해야 할 것 같다.

"시는 감정이다" 혹은 "시는 표현이다" "시는 언어다"와 같은 명쾌한 한마디를 할 수 있다면 다행이겠지만 나는 그만한 경지에 있지 않다.

나이 때문일까. 무엇을 말하기가 스스로 어렵고 웬지 쑥스럽다. 시는 더 그렇다. 이 밑도 끝도 없는 화두를 어떻게 풀어야 할지. 나는 여기서 문득 나의 拙作 한편을 옮기고 싶다. 십년도 넘게 노트에 묵혀 두었던 시다.

새와 같이는 못 간다해도
해여, 달이여,
나는 하루에
얼마를 갈 수 있나…
―딜펭이 가고 있다

아무런 설명이 필요 없는, 그러나 나에게는 맨몸 바람같이 스스러운 한 편이다.

내 시는 한참 멀었다, 이렇게 치부해 두어야 할 것 같다.

이석근 시인 약력

- 1946년 경남 울산 출생
- 동아대학교 법과 졸업
- 동국대학교 교육대학원 수학
- 월간《은행계》편집부, 월간《한국문학》출판부 근무
- 1967년 동아대 대학문예 수상
- 1974년《풀과 별》誌, 1978년《시문학》誌로 문단 데뷔
- 한국문인협회, 한국시인협회 회원
- 시집 『장미의 흔적』(1977, 관동출판사)
- 2023년 9월 9일 뇌졸중으로 타계
- 2025년 1월 20일 시선집 『파도에, 혹은 구름에』(책펴냄 열린시)